"INDÉPENDANT" des 20, 23, 27 et 28 Décembre 1889

ÉTU

SUR LE

JOURNALISME

depuis

Son Origine jusqu'à l'Époque actuelle

PAR G. GUILLEMINE

1890

BONE

Impr. Centrale, rue Caraman n° 2 et 4

"INDÉPENDANT" des 20, 23, 27 et 28 Décembre 1889

ÉTUDE

SUR LE

JOURNALISME

depuis

Son Origine jusqu'à l'Époque actuelle

PAR C. GUILLEMINE

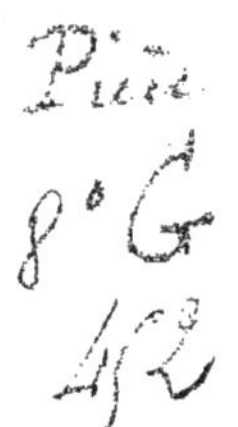

1890

BONE

Impr. Centrale, rue Caraman n° 2 et 4.

ÉTUDE

Sur le

JOURNALISME

depuis

Son Origine jusqu'à l'Époque actuelle

Si loin qu'on remonte dans le passé, on trouve que tous les peuples, quel qu'ait été leur degré de civilisation, se sont montrés avides de connaître ce qui se passait autour d'eux ; de tous temps aussi, les moyens de satisfaire cette curiosité ont existé.

Primitivement, comme encore de nos jours, chez les sauvages et tout près de nous, dans le désert, les nouvelles circulèrent par la voie des conteurs gazetiers (1) ambulants qui parcouraient à petites journées d'immenses régions, répétant tout le long de leur route ce qu'ils savaient, ce qu'ils avaient vu et appris.

Aujourd'hui, chez tous les peuples civilisés, une avalanche de feuilles imprimées se répand chaque matin de tous côtés, pénètre jusque dans le hameau le plus retiré et fait connaître aussi bien au paysan qu'au diplomate, à l'artisan qu'au financier, les faits saillants qui se sont passés dans le monde entier.

J'ai pensé intéresser les lecteurs de l'*Indépendant ?* en essayant d'établir pour eux, aussi succinctement que possible la filiation qui existe entre la publicité rudimentaire des premiers âges et celle

---

(1) Au temps des guerres contre les Turcs, le gouvernement de Venise, pour satisfaire la légitime curiosité des citoyens, faisait lire sur la place publique un résumé des nouvelles qu'il avait reçues du théâtre de la guerre et on donnait une petite pièce de monnaie, appelée « Gazetta », pour assister à cette lecture, ou pour prendre connaissance de ce qui avait été lu. De là, disent les étymologistes, le nom de « Gazette » appliqué aux feuilles volantes contenant ces nouvelles, lorsque ces feuilles furent imprimées et livrées au public.

que comporte la feuille de papier si richement remplie de nouvelles bien coordonnées sur laquelle ces lignes ont l'honneur d'être imprimées.

I

Le Journalisme primitif

Ce fut plusieurs siècles avant notre ère que chez les Egyptiens, les Grecs et les Romains, les nouvelles commencèrent à être répandues au moyen de tablettes ou de feuilles de papyrus sur lesquelles elles étaient tracées et que des courriers spéciaux allaient porter dans les grands centres ou aux chefs de corps d'armée.

C'était déjà à l'état embryonnaire et avec les moyens primitifs alors en usage, ce qui se passe aujourd'hui.

On voit, d'après un numéro complet et divers fragments du journal intitulé *Acta Populi Romani Diurna*, lequel remonte à 168 ans avant J.-C., qu'il avait déjà depuis longtemps des prédécesseurs ; mais c'est le plus ancien qui ait laissé des traces de son existence. Voici la traduction littérale du numéro complet qui existe encore :

« Le 29 Mars — Le Consul Livinius a exercé aujourd'hui les fonctions gouvernementales. — Un violent orage a éclaté dans la journée d'aujourd'hui, la foudre est tombée sur un chêne, peu après midi, dans la proximité de la colline Véli et l'a fendu en plusieurs morceaux. — Il y a eu une rixe dans une auberge qui a pour enseigne l'Ours, tout près de la colline de Janus. L'aubergiste a été grièvement blessé.

« L'édile Titinius a condamné les bouchers qui dépècent la viande, attendu qu'ils ont vendu au peuple de la viande qui n'avait pas été soumise à l'inspection des autorités. Les amendes ont servi à élever une chapelle à la déesse. Le changeur Assidius, dont le bureau a pour enseigne le

Bouclier du Cimbre, a pris la fuite en emportant une somme considérable. On l'a poursuivi et l'on est parvenu à l'atteindre. Il avait encore sur lui tout l'argent emporté. Le prêteur Fontejus l'a condamné à restituer immédiatement tout cet argent à ceux qui l'avaient déposé chez lui. Le chef des brigands Denniphon, arrêté par le légat Nerva, a été crucifié aujourd'hui. La flotte carthaginoise est entrée aujourd'hui dans le port d'Ostie. »

En lisant ces faits, ne dirait-on pas qu'ils viennent de se passer aujourd'hui même ? Changez seulement les noms et cette petite gazette est toute d'actualité. Il n'y manque que les nouvelles à la main et les échos du théâtre.

Le journal *Acta Populi* était rédigé par un chevalier Romain, Célius, le premier journaliste ayant laissé son souvenir dans les feuilles volantes d'alors. Plus éphémère, encore, s'il se peut que les nôtres, le journal fut publié régulièrement, paraît-il, jusque sous le règne d'Auguste où il changea seulement de nom en devenant le *Sénatus acta diurna,* c'est-à-dire l'organe officiel du Sénat. Chrestus en était le gérant responsable ; grec habile et fier, il devinait à demi-mot et possédait à fond l'art d'embrouiller les nouvelles, de façon à les démentir lorsque les grands personnages de la ville venaient à s'en plaindre. C'est lui qui, un jour, fit courir le bruit de la mort de Cicéron, lequel en fut bien navré.

Célius (2e du nom), autre journaliste de l'époque, était moins habile ; quand il n'avait pas de nouvelles, il puisait dans les autres journaux. (L'art de faire un journal à coups de ciseaux date de loin). Cicéron grand lecteur de gazette, et qui aimait tant à ce l'on parlât de lui, s'en plaint avec véhémence. « Vous moquez-vous de moi, s'écrie-t-il, de m'envoyer des nouvelles que j'ai déja lues dans le journal de Chrestus », celui dont nous parlons plus haut.

Il y avait donc déja les reporters, les rédacteurs de nouvelles politiques qui se tenaient dans le Forum, au pied de la Tribune (subrostani) et pour ainsi dire les sténographes qui attrapaient au vol les admirables discours, l'honneur de la parole romaine.

Dès cette époque, le peuple est instruit des causes célèbres, des accidents de toutes sortes, famines, inondations ; on lui donne aussi les portraits de ses grands hommes qu'on apprécie.

Aussi voit-on bientôt Octave épouvanté par cette publicité, lui défendre de commenter les actes de l'autorité souveraine, puis devenu l'empereur Auguste, ayant besoin de flatterie et d'adulation, laisser plus de liberté aux journaux qui, bientôt, ne sont plus que de vils instruments à la merci de tous ses successeurs qui ne les tolèrent qu'à la condition qu'ils flatteront leurs vices.

Mais tout ce qui est flatterie ou terreur ne convient pas à ce vagabond et libre messager de l'histoire qu'on appelle le journal ; aussi tomba-t-il bien vite.

Il allait même sombrer complètement au milieu des invasions des barbares qui se mirent, comme autant d'oiseaux de proie, à dépecer l'Empire romain au moment de sa décadence ; il fut sauvé par la religion nouvelle qui vint aussi profiter de la faiblesse matérielle à laquelle était arrivée cette si puissante nation et du scepticisme ou de l'indifférence religieuse auxquels les mœurs des derniers empereurs l'avaient si vite conduit.

La croyance catholique fut prêchée par des journalistes ; Saint-Pierre et Saint-Paul n'étaient pas autre chose ; ce dernier surtout, si habile à constituer l'autorité.

Leur journal existe, *Acta apostolorum*, et c'est ainsi que, par la parole écrite et parlée, les vieux dieux ont disparu pour faire place au Dieu nouveau de l'Evangile. Il fallait se faire entendre d'un bout du monde à l'autre ; le Maître lui-même avait dit *qu'il ne fallait pas mettre la lumière sons le boisseau,* aussi le journal retrouva-t-il promptement son influence disparue.

Un des membres les plus savants de l'Académie des Inscriptions et belles Lettres, M. Leclerc, a fait sur le journal ancien les plus piquantes découvertes.

Il a retrouvé des journaux de la première époque de Rome, et grâce à lui, les lignes d'airain à moité effacées des *Tables annuaires* ont pu être reconstituées.

Le Journalisme au moyen âge

Mais le moyen âge arrivait ; le journalisme paraissait devoir être étouffé au milieu de troubles et de bouleversements terribles, dernières secousses d'un vieux monde qui se renouvelait; et lui aussi ne faisait que changer de forme et prendre une vie nouvelle, car le plus grand nombre des chroniques nationales est écrit sous forme de journal : *Diarium*, jour par jour.

Il n'était pas alors de bourgeois, quelque peu clerc, qui n'écrivît sur la marge de son missel, l'ordre chronologique des évènements qui l'intéressaient, le prix des denrées, le mariage, la mort des souverains, le mariage et la mort des membres de sa famille à lui, bourgeois, et nous voyons déjà sous Charles VI et Charles VII reparaître le véritable journal : *Le Journal d'un Bourgeois de Paris*, qui eut bientôt une grande importance.

Ce journal était composé d'une singulière façon. Chacun fut admis à écrire ses propres réflexions ; aussi y reconnaît-on à leur style à leurs passions surtout, le Bourgeois, le Clerc de l'Université, le Prêtre, le Capitaine de la milice.

Vient ensuite, et c'est un terrible journal, la chronique scandaleuse de Louis XI, écrite par *Jean de Troyes*, greffier de l'Hotel-de-Ville, et il faut cependant reconnaître en passant que cette chronique est bien anodine, si on la compare à la chronique scandaleuse et sanglante de l'empereur *Commode* quand il faisait inscrire dans les *Actes de la Ville* la liste entière de ses débauches, de ses cruautés, de ses exploits de gladiateur et d'homme infâme ; aussi ce même journal — car c'est là encore la grande puissance du journal de se survivre à lui-même, de se purifier le lendemain de sa bassesse de la veille — s'écria-t-il quand l'empereur Commode fût tombé :

« Pour l'ennemi de la Patrie, point de funérailles ! point de tombeau pour le parricide ! Sur la claie ! aux gémonies ! Mettons en pièces le gladiateur, le bourreau du Sénat ! Point de pitié ! Vive Pertinax ! vive Pertinax, l'empereur ! Vivent les cohortes prétoriennes ! Vivent les armées romaines ! Vivent la piété du Sénat ! »

On voit par cet extrait littéral que les Cassagnac et les Veuillot datent de loin.

Il n'y a que le journal pour parler ainsi, pour trouver de suite ces vigoureux accents d'une indignation empruntée à l'âme des peuples. Il frappe plus fort que l'histoire, s'il ne frappe pas plus juste ; il résume toutes les passions du moment, l'enthousiasme de la foule et ses colères, il exalte le vainqueur et brise le vaincu ; et lorsque toutes ces passions sont mortes, lorsque, par la seule force du bon sens et de la loi, chacun est remis à sa place, le vaincu et le vainqueur, le bourreau et la victime ; où voulez-vous que l'histoire aille les retrouver, toutes ces passions éteintes sinon dans les cendres qu'elles ont laissées après elles ? Or, la cendre de l'histoire, c'est le journal.

Après les mémoires cités plus haut, vient le journal de *Louise de Savoie*, trés curieux, véritable gazette de cour ; puis le journal de l'*Estoile*, type de journal à la main dont les copies couraient dans les feuilles de magistrature ; ce journal renferme plus d'un siècle, mais surtout les règnes de Henri III et Henri IV.

Le XVIe siècle, aventureux et voyageur, s'inquiétant à la fois du vieux monde et du nouveau, avait adopté avec une grande faveur cette forme facile de raconter ses émotions, ses découvertes, ses batailles ; puis, en suivant toujours cette ligne de l'histoire au jour le jour, on retrouve pour la première fois, avec une forme régulière et périodique, la *Chronologie* de *Palma Cayet* continuée par le *Mercure Français* pendant quarante ans et publiée par le libraire Richer depuis 1609.

Mais déja le journal, comme le représentant des passions de chaque jour, s'était révélé à la France d'une façon bien plus formidable ; nous voulons parler du Pamphlet, cette terrible menace et défense de tant d'hommes courageux qui, n'étant ni magistrats, ni capitaines. voulaient cependant entrer d'une façon ou de l'autre dans les affaires publiques : alors commence pour ne plus s'arrèter la lutte entre la résistance et l'autorité, entre le bourgeois et le gentilhomme, le moine et le prêtre. *Luther* est le premier et le plus fort lutteur qui entra dans ce champ clos ; ses véhémentes apostrophes réveillent l'Europe d'abord épouvantée à ses premiers et étranges discours, Rome n'est plus que la grande prostituée : les prélats sont des loups dévorants, les moines, des sépulcres blanchis ! Nous ne nous attarderons pas à faire l'historique des résultats si connus de tous : leur religion nouvelle venait menacer l'ancienne, l'attaquait par la base et lui déclarait une guerre qui, pour ne plus être sanglante, comme alors, est toujours aussi acharnée ; le protestantisme était né.

A partir de ce moment, l'histoire qui avait été d'abord une légende, devient donc un pamphlet. Toutes les puissances du monde s'écrivent et se répondent à haute voix en présence des peuples étonnés d'entrer ainsi pour la première fois dans les disputes et dans les secrets de leurs maîtres ; le silence qui pesait autrefois sur toutes les affaires politiques, le silence du vieux Sénat romain, se rompt tout d'un coup pour ne jamais revenir ; Luther a accompli à tout jamais le rêve interrompu de César, la publicité dans la politique, et voilà désormais le peuple en contact avec ses maîtres ; voilà les maîtres, ces imprudents ! qui prennent leurs sujets pour juges de leurs querelles. Aussi, lorsqu'en 1789, le peuple eut bien entendu tous les discours pour et contre, l'envie lui vint de formuler sa sentence et alors il dit aux Rois de France et à tous les Rois d'Europe, au Pape, aux Empereurs : Vous avez tort, c'est moi qui ai raison, » et d'un geste il les brise.

Le pamphlet, comme le journal, a toujours reflété fidèlement l'époque au milieu de laquelle il élève sa voix stridente ; c'est ainsi que sous Charles IX ce sont les théologiens qui se disputent, et cela, à leur façon, par la satire, par la violence, par la calomnie, et enfin, quand ils n'ont plus d'injures à se dire, par le meurtre.

Après la Saint-Barthélemy, cette immense et ineffaçable tâche de sang au front de notre histoire, le pamphlet s'élève à la hauteur des évènements et des hommes qu'il censurait ; alors surgissent de vraiment grands écrivains, de vraiment grands satiriques, On devine quelle arme devint la plume entre les mains d'un Henri Estienne qui possédait Suétone, qui avait traduit Sophocle et qui savait Tacite par cœur.

C'est ainsi que les peuples se sont vite habitués à entendre maudire ceux qui les gouvernent et que nous arrivons au plus magnifique article de journal qui ait jamais été écrit dans aucun siècle et dans aucune langue, à la *Satire Ménippée*. Jamais la presse populaire, jamais la satire jetée à la foule n'a porté des coups plus terribles. C'était du reste une révolution qui s'opérait.

La Ménippée prépare l'avènement de Henri IV tout autant que la bataille d'Ivry.

Il est bon, cependant, de faire remarquer, avant d'aller plus loin, que l'invention de l'imprimerie (1436) transforma complètement les voies diverses employées par les gouvernements pour mettre la multitude au courant de ce qu'il était indispensable qu'elle sût et par les citoyens, pour échanger les nouvelles qui devenaient chaque jour plus nombreuses et plus importantes. Le journal, comme nous l'avons aujourd'hui, est le fils de l'imprimerie ; il est du reste impossible sans elle : rapidité de publication, périodicité régulière, faculté de multiplier à l'infini, condensation d'une foule de matières dans un étroit espace, toutes ces conditions qui sont l'essence même de notre journal actuel ne pouvaient être complètement réunies quand l'imprimerie n'existait pas.

Le premier journal régulièrement périodique fut le *The Englisch Mercurie*, qui parut à Londres en 1588 et dont les premiers numéros, dans lesquels il est question du départ de l'invincible Armada et des engagements qui eurent lieu entre les vaisseaux qui le composaient et la flotte anglaise, sont précieusement conservés au *Britisch museum*.

La controverse religieuse, si ardente au XVIe siècle, trouva dans le journal un instrument et un aliment. Les gros livres, trop longs à écrire, trop longs surtout à lire, firent place aux petits traités courants qu'il était facile de répandre ; enfin les traités eux-mêmes furent rapidement remplacés par des feuilles isolées, qu'on obtenait à bon marché, qu'on se passait sous le manteau et qu'au besoin, on affichait pendant la nuit.

On fut naturellement conduit à réunir, pour affriander les lecteurs, plusieurs évènements sur la même ; il ne suffisait plus que d'attendre de l'industrie d'un homme, encouragée par la curiosité croissante du public, d'assurer entre ces feuilles un ordre de succession, un retour périodique pour que notre journal quotidien soit créé.

C'est ainsi que (1631) nous voyons paraître en France le premier journal régulier qui résuma, sous le nom de *Gazette de France,* tout ce qui se publiait alors de feuilles volantes, sous le nom de *Nouvelles* à la main.

Le terrible Richelieu, qui avait eu à souffrir de ces feuilles et des facéties satiriques dites *Caquets de l'Accouchée,* qui se lisaient sous toutes les cheminées ; Richelieu disons-nous, s'aboucha avec *Renaudot* auquel il confia la rédaction de la *Gazette de France.* C'est là qu'on peut rencontrer l'inaltérable et despotique volonté qui brisa les protestants, non comme catholique, mais comme roi de France.

La *Gazette de France*, qui ne s'arrêta qu'en 1792, forme une précieuse collection de 163 volumes in-4°. Cet immense recueil fournit une mine inépuisable d'anecdotes sombres ou plaisantes.

C'est ici le lieu de signaler une division importante du journal qui, à peine fondé et ne pouvant suffire à accomplir sa tâche entière, fut obligé de se diviser en plusieurs parties pour être au courant des faits et des idées de chaque jour, c'est ainsi qu'on en vint à avoir le *Journal Savant*, le *Journal Littéraire,* le *Journal Badin.*

Le premier qui ait fait un journal exclusivement consacré à la science et en dehors des rois et des peuples, c'est le fameux Pleotius, le patriarche d'Alexandrie, qui laisse un journal intitulé *Bibliothèque* où se trouve l'analyse d'un grand nombre d'auteurs avec des jugements sur leurs écrits ; son livre est d'autant plus curieux que les ouvrages dont il s'occupe ne sont pas parvenus jusqu'à nous.

Le fameux *Journal des Savants* fondé en 1665 et qui dût s'arrêter en 1792 comme la *Gazette de France* eut donc au moins un prédécesseur sérieux. Ce journal, aussi littéraire que scientifique est resté comme un modèle de critique littéraire en même temps qu'une véritable encyclopédie des sciences et découvertes d'avant la Révolution.

Le *Journal de Trévoux* fut bientôt fondé par les Jésuites pour lui donner la riposte et le battre en brêche. Rien que ce titre — *Journal des Savants* — leur faisait peur. Les Jésuites qui se rappelaient avec toute sorte de douleurs cet irrésistible journaliste nommé Pascal dont les feuilles volantes s'imprimaient chaque jour sous la forme d'un journal (dans quelques bibliothèques on peut voir encore les *Provinciales* sous cette forme qui leur faisait donner le nom de *Journal de Pascal*), les Jésuites, disons-nous, s'attachèrent tous au journal de Trévoux, ils y mélangèrent toutes choses d'une façon si habile qu'il est bien difficile de distinguer le vrai du faux. La théologie, la médecine, la rhétorique, la poésie même, y ont une odeur de vieux saint qui fait mal à sentir. On y combat les sciences humaines parce qu'elles sont entièrement opposées à la science ecclésiastique et à la philosophie, parce qu'elle introduit la chicane dans les matières de religion. Aristide et Platon sont mis à l'index parcequ'ils ont inondé la religion de questions épineuses ; on en veut à l'éloquence parce que disent-ils, il n'est pas plus permis à un chrétien de parer sa parole qu'à une femme de mettre du fard. Vous pensez si, en même temps, le mensonge leur manque, si la calomnie leur fait faute, s'ils jettent ça et là, leur venin et leur colère.

Bayle, le sceptique, leur répondit de son mieux par un autre journal, l'*Histoire de la République des Lettres*, dans lequel on reconnait vite l'auteur du dictionnaire historique et le maître de Voltaire. Dans ces pages rudement écrites, l'opposition la mieux prononcée et la plus habile se fait sentir à chaque instant.

Bayle, fut un journaliste courageux, dévoué, ne s'arrêtant devant aucune disgrâce, regardant en face le soleil de Louis XIV et pesant d'une main ferme toutes les disputes de l'Univers.

A la même époque parut le *Mercure Galant* qui, malgré l'appréciation défavorable de La Bruyère n'en est pas moins très intéressant à consulter.

Maintenant l'habitude du Journal est prise. Chaque jour paraît une feuille nouvelle : l'*Année Littéraire*, le *Nouvelliste du Parnasse*, pour ne nommer que les plus répandus, nous conduisent jusqu'en 1789.

Il ne s'agit plus maintenant de comédies, ni de poésie, ni d'histoire ; c'est la guerre des Peuples contre les rois ; et que les rois ont dû être étonnés quand ils ont vu le débat politique s'éloigner du trône pour tomber dans les masses avec un si épouvantable fracas.

Les journaux de la période révolutionnaire ressemblent beaucoup à de l'histoire faite à main armée, Mirabeau, le premier, débute en 1789 par un journal exclusivement politique, puis vient Camille Desmoulin qui écrit le *Vieux Cordelier*, le pamphlet sous lequel il devait mourir ; puis le *Père Duchesne*, ivre de vin et de sang, le *Journal de la Montagne* et tant d'autres qui restent inqualifiables parmi lesquels cependant on peut remarquer le *Journal politique*, les *Annales politiques*, et les *Actes des Apôtres* dont presque tous les rédacteurs ont défié du haut de l'échafaud, à la fois les juges, les bourreaux et les spectateurs.

Même sous la Terreur, le journal a trouvé des représentants vrais, spirituels, courageux et sincères jusqu'à la mort.

Journalisme moderne

Dès cette époque, chacun peut facilement retrouver les archives du journal contemporain. Personne n'ignore que le despotisme impérial s'empara de cette arme pour en faire son profit.

Comme nous l'avons vu déja pour le cardinal Richelieu, Napoléon qui eut pris en très mauvaise plaisanterie toute espèce de contrôle, ne permit à personne d'écrire une ligne qui ne fut pas revue par son préfet de police et par lui même.

A peine si le jaloux empereur accordait au journal un peu de liberté pour parler des tragédies, des comédies et des livres qui s'écrivaient dans son empire. Bien qu'ainsi censurée, il restât peu de liberté à la critique ; elle rendit cependant de grands service aux belles lettres et aux beaux-arts en relevant les ruines du passé et en remettant en honneur les vieux noms oubliés ; lorsque le journal ne pouvait protester par la parole contre la violence du maître, il protestait par le silence et tant qu'il régna, Napoléon se tint en dehors de cette puissance de la presse qui était aussi en dehors de sa puissance./

A partir de la Restauration, le journal redevient ce qu'il était sous les pontifes romains et ce qu'il est aujourd'hui, le livre universel, ouvert à tous, où chacun vient écrire ses haines, son amour, ses regrets, son espoir, ses ambitions, sa passion pour le bien public.

En même temps que le « Mercure de France », naissaient chez nous des mœurs et des habitudes politiques qui y ont particulièrement favorisé l'extension et l'importance du journal et qui se sont surtout développées sous le régime impérial ; c'est la succession interrompue jusqu'à Louis XIV et depuis, jusqu'à Bonaparte, de favoris et de ministres tout puissants, tour à tour, l'appui, la haine, le mépris ou la pitié de la France, pouvoirs éphémères, rarement aimés, vite oubliés, regrettés parfois, ce qui est rare. Ceci, on le sait, s'appelle la fiction. Ce qu'on ose dire au roi, on le dit à son ministre, à son favori, à son conseil ; rien n'est plus commode que cette fiction, c'est un marchepied du haut duquel la presse peut, nouveau Tarquin, abattre les plus hauts pavots.

Le ministre est resté pour la presse le bouc émissaire de la royauté et de l'autorité sous quelque forme qu'elles se présentent ; c'est lui qui est vaincu quand le gouvernement est vaincu, en re vanche, c'est le roi qui triomphe à sa place. Injures, calomnies, menaces, journaux, pamphlets, tout revient de droit au ministre, même quand il est soutenu par l'opinion publique ; l'opinion publique ne le défend pas, par la raison qu'il n'y a que les pouvoirs légitimes ou héréditaires qui n'excitent pas l'envie.

Quant à l'homme exposé à toutes les attaques, c'est à lui de se défendre et, d'ordinaire, il n'y manque pas. De cette attaque et de cette défense est résulté le double mouvement du journal. Il vit encore sur ce mouvement-là, qui n'est pas prêt à s'arrêter de si tôt.

Un mot aussi sur l'origne du feuilleton ; elle n'est pas de celles qui se perdent, comme on dit, dans la nuit des temps.

En 1789, à la naissance des journaux politiques l'usage s'était établi de laisser au bas du journal, un espace où le journaliste écrivait la veille les travaux que l'assemblée avait indiqué pour le lendemain. Cet espace était nommé le feuilleton.

Bientôt, dans les jours trop rares où se reposait l'assemblée, il arriva que de petites nouvelles dramatiques se glissèrent humblement à cette place imposante. Le *Journal des Débats* fut le premier qui, en débutant, publia un roman au bas de la première page.

Tel que nous le possédons aujourd'hui, le journal est l'expression la plus haute, la plus forte de notre civilisation. Il suffit de jeter les yeux sur le tableau de statistique annuelle du nombre de journaux publiés par chaque nation pour connaître infailliblement son degré d'instruction et par conséquent le rang qu'elle occupe dans cette immense armée où tous les peuples de la terre sont fatalement groupés pour marcher sans cesse en avant à la conquête de l'idéal, de la civilisation et du bonheur de l'humanité.

C. GUILLEMINE

www.ingramcontent.com/pod-product-compliance
Ingram Content Group UK Ltd.
Pitfield, Milton Keynes, MK11 3LW, UK
UKHW020500220726
13923UKWH00006B/2675

9 782019 476083